AF498166

PÉNÉLOPE,

TRAGÉDIE-LYRIQUE.

PÉNÉLOPE,

TRAGÉDIE-LYRIQUE
EN TROIS ACTES;

REPRÉSENTÉE

POUR LA PREMIERE FOIS,

DEVANT LEURS MAJESTÉS,

A Fontainebleau, le 2 Novembre 1785,

ET A PARIS,

SUR LE THÉATRE

DE L'ACADÉMIE - ROYALE
DE MUSIQUE,

Le Mardi 6 Décembre de la même année.

PRIX XXX SOLS.

A PARIS,

De l'Imprimerie de P. DE LORMEL, Imprimeur de ladite Académie,
rue du Foin Saint-Jacques, à l'Image de Sainte Geneviève.
On trouvera des Exemplaires à la Salle de l'Opéra.

M. DCC. LXXXV.

Avec Approbation, & Privilege du Roi.

Les Paroles font de M. MARMONTEL.

La Mufique eft de M. PICCINI.

ACTEURS ET ACTRICES
CHANTANTS DANS LES CHŒURS.

CÔTÉ DE LA REINE.		CÔTÉ DU ROI.	
Mesdemoiselles.	*Messieurs.*	*Mesdemoiselles.*	*Messieurs.*
Des Rosières.	Larlat.	Dubuisson.	Péré.
D'Hautrive.	Capoi.	Garrus.	Martin.
Joséphine.	Rey.	Rouxelin.	Legrand.
Fel.	Vallon.	Sanctus.	Poussez.
Launer.	Renaud.	Charmoy.	Touvoys.
	Douville.		Cauchois.
Macker.	Pancotte.	Leclerc.	Jalliot.
Aurore.	Cleret.	Voisin.	Cavallier.
David.	Tacuffet.	Desportes.	Jouve.
Breffort.	De Lori.	Lacourneuve	Moulin.
Beaumont.	Fagnan.	Ste James.	Jalaguier.
Defrenneville.	Bouvard.	Mulot.	Duchamp.
Rozalie.	Joinville.	Amyot.	Delboy.
Roftêne.	Le Roux, l.	De Lilette.	Débeirk.
	Le Roux, c.		Le Fêrie.

ACTEURS CHANTANS.

PÉNÉLOPE,	Mlle. St - Huberti.
THÉONE,	Mlle Gavaudan, l.
THÉLÉMAQUE,	M. Lainé.
ULYSSE,	M. Larrivée.
LAËRTE,	M. Chardini.
EUMÉE,	M. Châteaufort.
NÉSUS,	M. Moreau.
CORIPHÉE,	Mlle Buret.

HUIT POURSUIVANS DE PÉNÉLOPE.
PEUPLES.

PERSONNAGES DANSANTS.

ACTE SECOND.

BERGERS et *BERGERES.*

M. VESTRIS, Mme. PERIGNON.

M. FRÉDERIC, Mlle ELISBERG.

Mrs Caster, Delahaye, Beguin, le Breton, Deschamps, Guillet, l.

Mlles Courtois, Siville, le Clerc, Bernard, la Coste, Hortense.

ACTE TROISIEME.

M. GARDEL, Mlle COULON.

M. FAVRE.

GUERRIERS.

Mrs Simonet, le Bel, Abraham, le Breton,
Poinon, Milon, Coindé, Saulnier.

PEUPLES.

Mlles Bigotini, Courtois, Simon, Prudhomme,
Camille, Barré, Dancourt, Langlois, c.

BERGERS ET BERGERES.

Mrs Cafter, Delahaye, Beguin, Guillet, l.
Mlles Le Clerc, Bernard, Siville, la Cofte.

PASTRES.

M. LAURENT, Mlle LANGLOIS,

Mrs Barré, Coulon, Guillet, c. Largiere.
Mlles Henriette, Meziere, l. Labory, Prault.

PÉNELOPE,

PÉNÉLOPE,
TRAGÉDIE-LYRIQUE.

ACTE PREMIER.

Le Théatre repréſente le Veſtibule du Palais d'U-
lyſſe, & au-delà, une Salle où les Pourſuivans
de Pénélope ſont à table.

SCENE PREMIERE.

PÉNÉLOPE, THÉONE, & autres Suivantes de
Pénélope, ſur le devant du Théatre.

LES POURSUIVANS, dans le fond.

CHŒUR DES POURSUIVANS.

Laissons les Amans de la gloire
Chercher la mort ou la victoire

A

Dans les climats les plus lointains.
Parmi les jeux & les feſtins ,
Une plus douce ardeur nous preſſe.
Dieu de l'amour, Dieu de l'ivreſſe ,
Vous préſidez à nos deſtins.

PÉNÉLOPE, les écoutant.

Qui redouble aujourd'hui leur barbare allégreſſe ?
Ont-ils de mon malheur des avis plus certains ?

LE CHŒUR.

Dieu de l'amour ; Dieu de l'ivreſſe ,
Vous préſidez à nos deſtins.

PÉNÉLOPE.

Vils & lâches tyrans , l'opprobre de la Grèce !

LE CHŒUR.

Dieu de l'amour , &c.

PÉNÉLOPE.

Dans la joie ils nagent ſans ceſſe ;
Et moi, dans la douleur, je ſens que je m'éteins.

LE CHŒUR.

Parmi les jeux & les feſtins ,
Dieu de l'amour, Dieu de l'ivreſſe ,
Vous préſidez à nos deſtins.

SCÊNE II.

LES DÉPUTÉS *du Peuple*, *& les Précédens.*

LES DÉPUTÉS, à *PÉNÉLOPE.*

UN Peuple accablé de tristesse,
En soupirant, vous tend les mains.
Le ferez-vous gémir sans cesse
Sous ses oppresseurs inhumains ?

PÉNÉLOPE, *à part.*

Peuple asservi, c'est ta foiblesse
Qui fait les maux dont je me plains.

Les DÉPUTÉS.

Cédez aux vœux qu'il vous adresse :
De vous dépendent ses destins.

PÉNÉLOPE.

Peuple asservi, c'est ta foiblesse
Qui fait les maux dont je me plains.

Les POURSUIVANS.

Dieu de l'amour, Dieu de l'ivresse,
Vous présidez à nos destins.

(*Les Poursuivans se retirent.*)

A ij

PÉNÉLOPE, aux Députés.

Je connois vos malheurs, & mon cœur les partage.
Si je n'ai plus d'espoir, si mon époux est mort,
Dans un nouvel hymen on veut que je m'engage;
Au retour de mon fils, je subirai mon sort :
  N'en demandez pas davantage.

    (*Les Députés se retirent.*)

SCENE III.

PÉNÉLOPE, & sa suite.

PÉNÉLOPE.

Dieux justes, Dieux vengeurs, nous abandon-
nez-vous ?
Ah ! rendez-moi mon fils, rendez-moi mon époux.

A I R.

  Reine captive,
  Mère craintive,
  Epouse en pleurs,
  A quels malheurs
  Le ciel me livre !
Cessez, cruels, de me poursuivre,
Ou je succombe à mes douleurs.

Reviens, mon fils, reviens :
Tes dangers font les miens.
Si tu péris fur l'onde,
Quel fera mon foutien ?
Rends à ta mère le feul bien
Qui lui refte encor dans le monde.
Reviens, mon fils, reviens :
Tes dangers font les miens.

SCENE IV.

NÉSUS, PÉNÉLOPE, & fa Suite.

NÉSUS.

Tremblez, Reine, tremblez que ce vœu s'ac-
compliffe.
Le piège de la mort attend le fils d'Ulyffe :
S'il revient, s'il aborde, il périt fous les flots.

PÉNÉLOPE.

Télémaque !

NÉSUS.

Témoin du plus noir des complots,
Je n'en veux pas être complice ;
Et je n'attends qu'un vent propice,
Pour me ramener à Délos.

PÉNÉLOPE.

Vous laissez périr Télémaque !

THÉONE.

Vous, le seul de vingt Rois qui font gémir Ithaque,
Le seul dont Pénélope attendoit du secours !

NÉSUS.

De ses calamités j'allois trancher le cours ;
Tout a changé. Son cœur à mes vœux se refuse :
Ses délais, ses détours me l'ont trop bien appris.
Je ne veux plus nourrir un espoir qui m'abuse.
    De font malheur elle m'accuse ;
    Qu'elle en accuse ses mépris.

THÉONE.

Quel amour !

NÉSUS.

    Dans un cœur généreux & sincère,
L'amour trompé se change en un dépit mortel.
    Mais si c'est en moi qu'elle espère,
Pour rendre à Télémaque un défenseur, un père,
Elle n'a qu'à vouloir : je l'attends à l'autel.

               (*Il fort.*)

SCENE V.

PÉNÉLOPE, THÉONE, & *autres Suivantes.*

PÉNÉLOPE.

O crime ! ô noirceur détestable !
Dans ce péril épouvantable,
Que résoudre ? à qui recourir ?
Mon fils, je suis réduite au choix inévitable
Ou de trahir ton père, ou de te voir périr.

CHŒUR DE FEMMES.

O malheureuse mère !
Votre fils va périr.

PÉNÉLOPE.

O malheureuse mère !
A quel Dieu recourir ?
Hélas ! si je diffère,
Mon fils, tu vas mourir.
Dois-je trahir ton père ?
Dois-je te voir périr ?

LE CHŒUR.

O malheureuse mère !
Votre fils va périr.

PÉNÉLOPE.

O malheureuſe mère !
A quel Dieu recourir ?

Il me reſte un eſpoir : c'eſt qu'un vent ſecourable,
Ou plutôt un Dieu favorable
S'oppoſe à ſon retour , & l'éloigne du port,
Hélas ! où me réduit le ſort !
Ce retour , ce moment pour moi ſi deſirable,
M'épouvante plus que la mort !

SCENE VI.

EUMÉE, & les Précédens.

THÉONE.

Eumée, en ces lieux qui t'amène ?

EUMÉE.

Le ciel eſt touché de nos pleurs.
Télémaque revient.

PÉNÉLOPE.

Dieux !

EUMÉE.

Sur l'humide plaine ,
J'ai de ſes pavillons reconnu les couleurs.

PÉNÉLOPE.

PÉNÉLOPE.

O jour funeste ! ... je me meurs.
(*Elle tombe dans les bras de ses Femmes.*)

T H É O N E.

Allez, ami sage & fidèle,
D'une barque légère empruntez le secours ;
Éloignez Télémaque : il y va de ses jours.

E U M É E.

Ses jours sont menacés !

T H É O N E.

Dans sa frayeur mortelle,
La Reine à vous seul a recours.

E U M É E.

Hélas ! pour lui que peut mon zèle,
Dans un péril si grand, & des instans si courts !

(*Il sort.*)

SCENE VII.

PÉNÉLOPE, SES FEMMES.

PÉNÉLOPE, *dans le trouble & l'effroi.*

C'EN est fait. La mort l'environne.
Nésus pouvoit seul aujourd'hui
Le sauver, le défendre ; & Nésus l'abandonne !
Ah ! s'il est temps encor, va, ma chère Théone,
Implorer son appui.
Qu'il délivre mon fils, qu'il le rende à sa mère ;
C'en est assez : pour prix d'une tête si chère,
Je m'engage, ou plutôt je m'abandonne à lui.

(Théone sort.)

SCENE VIII.

PÉNÉLOPE, *sa Suite.*

LE *CHŒUR.*

DU sein des plus tristes alarmes,
Voyez renaître de beaux jours.
L'Hymen, conduit par les Amours,
Aura bientôt séché vos larmes.
Du sein des plus tristes alarmes,
Voyez renaître de beaux jours.

Pendant le Chœur, Pénélope reste absorbée dans
sa douleur.

PÉNÉLOPE.

Qu'ai-je promis? ah ! malheureuse !
Ou mon époux respire, ou son ombre m'entend
Du sein de la nuit ténébreuse !
Entre l'autel & moi, je la vois qui m'attend.

AIR.

Oui, je la vois, cette ombre errante :
C'est elle-même ; oui, je la vois.
Elle est plaintive & gémissante ;

B ij

Elle eſt terrible & menaçante.
Chère ombre, approche, appaiſe-toi.
Je t'ai juré d'être à jamais fidèle,
Je l'ai juré dans nos adieux ;
Et de ma conſtance éternelle
J'ai pris à témoin tous les Dieux.
Mais ſi je ne ſuis criminelle,
Ton fils va périr à mes yeux.

SCENE IX.

PÉNÉLOPE, *sa Suite*, LES POURSUIVANS.

PÉNÉLOPE.

Qui de vous, qui de vous, perfides,
S'apprête à me percer le sein ?
Teints du sang de mon fils, dont vous êtes avides,
De sa mère aujourd'hui quel sera l'assassin ?

LE CHŒUR.

Qui peut nous imputer ce coupable dessein ?

PÉNÉLOPE.

Oui, sacrilèges que vous êtes,
Oui, vous l'avez conçu ce forfait odieux,
Au sein de vos barbares fêtes,
Dans le Palais d'Ulysse, à l'aspect de ses Dieux.

LE CHŒUR.

L'effroi mortel
Qui règne dans votre ame,
Peut dans l'instant se calmer à l'autel.
Entre vingt Rois,
Que même ardeur enflamme,

Faites un choix ;
Vos vœux feront nos loix.

PÉNÉLOPE, *vivement.*

Qu'on me rende mon fils, que lui - même il m'an-
nonce
Qu'Ulyſſe eſt deſcendu dans la nuit du tombeau ;
A lui garder ma foi déſormais je renonce,
Et je vais de l'Hymen rallumer le flambeau.

LE CHŒUR.

Non, non, c'eſt une feinte,
C'eſt un nouveau détour.

PÉNÉLOPE.

Hélas ! encore un jour.

LE CHŒUR.

Non, non, c'eſt une feinte.

PÉNÉLOPE.

O mortelle contrainte !

LE CHŒUR.

C'eſt un nouveau détour.

PÉNÉLOPE.

Vous me glacez de crainte.

LE *CHŒUR*.

Cedez, cédez sans crainte
Au plus ardent amour.

PÉNÉLOPE.

Vous me glacez de crainte ;
Et vous parlez d'amour !

LE *CHŒUR*.

Cédez, &c.

PÉNÉLOPE.

Faut-il, pour combler ma misère,
Vous livrer mes Etats, mon Palais, mes trésors ;
Qu'une barque à l'instant m'éloigne de ces bords.
J'irai chez Icare mon père
Oublier tous les biens que vous m'aurez ravis.
Seulement, avec moi que j'emmène mon fils :
C'est le seul trésor d'une mère.

LE *CHŒUR*.

Nommez l'époux que votre cœur préfère,
Et dans l'instant vos larmes vont tarir.

CHŒUR DE FEMMES.

O malheureuſe mère !
Votre fils va périr.

PÉNÉLOPE.

O malheureuſe mère !
C'eſt à moi de mourir.

(Un trait de ſymphonie annonce l'arrivée de Télémaque.)

Dieux ! mon fils !

(Elle ſe précipite dans ſes bras.)

SCENE X.

SCENE X.

TÉLÉMAQUE, EUMÉE, *les Précédens,*
PEUPLE D'ITAQUE.

TÉLÉMAQUE.

ENFIN, Reine auguste,
Nos malheurs vont finir : Ulysse n'est pas loin.

PÉNÉLOPE.

Il est vivant !

TÉLÉMAQUE.

Le Ciel est juste ;
Et des jours d'un Héros lui-même il a pris soin.

AIR.

Couvert de l'Egide immortelle,
Il va rentrer dans ses Etats.
L'injure insolente & cruelle
Va voir punir ses attentats.
Dans la terreur & le silence
Que tout s'abaisse devant lui.
Loin de nous, coupable licence.
Rassure-toi, foible innocence :
Les Dieux te rendent ton appui.

C

CHŒUR DES POURSUIVANS, *à part.*

Jeune imprudent, ton espérance
Sera confondue aujourd'hui.

PÉNÉLOPE.

Dieux protecteurs de l'innocence,
Vous vous déclarez aujourd'hui.

CHŒUR DU PEUPLE.

Aux doux rayons de l'espérance
Nos cœurs sont ouverts aujourd'hui.

TÉLÉMAQUE.

Rassure-toi, foible innocence :
Les Dieux te rendent ton appui.

CHŒUR DES POURSUIVANS.

Jeune imprudent, ton espérance
Sera confondue aujourd'hui.

Fin du premier Acte.

ACTE SECOND.

*Le Théatre repréfente un Hameau, où l'on dif-
tingue le vieux Château de Laèrte & la Maifon
d'Eumée. On voit la Mer dans l'éloignement.*

SCÊNE PREMIERE.

LAÈRTE, EUMÉE, *quelques* PASTEURS.

EUMÉE.

Cessez, vénérable Laèrte,
Ceffez de gémir fur la perte
D'un fils fi long-temps attendu.
Il refpire, il revient.

LAÈRTE.

L'ai-je bien entendu ?
Avant de quitter la lumiere,

C ij

J'embrasserai mon fils! C'en est assez, grands Dieux.
Sans regret chez les morts je joindrai mes aïeux,
Si la main de mon fils me ferme la paupiere.
Que de maux son absence a causés dans ces lieux!
      Mais à son épouse fidelle
Qui vient de son retour annoncer la nouvelle?

SCENE II.

TÉLÉMAQUE, & les Précédens.

TÉLÉMAQUE.

Moi, Seigneur !

LAÈRTE.

Ciel ! que vois-je ? en croirai-je mes yeux ?
Cher Prince, objet de ma tendreffe,
Dans mes bras défaillans eft-ce vous que je preffe ?
A combien de périls je vous vois échappé !
(*vivement.*)
Du retour de mon fils avez-vous l'affurance ?
Un trop légere efpérance
Ne vous a-t-elle point trompé ?

TÉLÉMAQUE.

Il revient. Les Dieux & les hommes,
Tout confpire à me l'affurer.

LAÈRTE, trifte & tendre.

Qu'il vienne donc fans différer.
Hélas ! dans l'état où nous fommes,
Je n'ai plus le temps d'efpérer.

AIR.

De ma vieilleffe languiffante
Je vois s'éteindre le flambeau.
Je touche au bord de mon tombeau ;
Et pour moi plus de longue attente.
O mort ! fois du moins affez lente,
Pour me laiffer un jour fi beau.

SCENE III.

Foule de PASTEURS, *& les Précédens.*

LAÈRTE, *vivement.*

Venez, Pafteurs, venez féliciter un pere.
De vingt ans de malheurs je ferai confolé.
Le ciel me rend un fils ; on veut que je l'efpere.

Un PASTEUR.

Le bruit de fon retour jufqu'à nous a volé.

LE CHŒUR, *à* TÉLÉMAQUE.

Prince adoré, quelle allégreffe
Dans tous les cœurs vous répandez !
Ulyffe a paru dans la Grèce ;
Et fur ces bords vous l'attendez !

LAÈRTE, *avec le* CHŒUR.

{ A leur amour, à ma tendreſſe,
{ A notre amour, à ſa tendreſſe,
Dieux bienfaiſans, vous le rendez.

(*Les Paſteurs expriment leur joie par des Danſes.*
La ſymphonie annonce l'appoche d'un orage.
Le Théatre s'obſcurcit.)

EUMÉE, *d* TÉLÉMAQUE.

Prince, on apperçoit du rivage
Un Vaiſſeau battu par les flots,
Et la frayeur des Matelots
Annonce un violent orage.

(*La ſymphonie exprime les progrès de l'orage.*)

LE CHŒUR.

Quels bruits dans les airs !
Les flots y répondent ;
Déja ſe confondent
Les cieux & les mers.
Sur l'onde écumante,
Dieux ! quelle tourmente !
Quelle ſombre horreur !
Au bruit du tonnerre,
Les vents en fureur
Se livrent la guerre.

PÉNÉLOPE,

Le ciel fur la terre
Répand la terreur.

TÉLÉMAQUE.

Que je plains le fort
De tant de victimes !

EUMÉE.

D'immenfes abîmes
Leur offrent la mort.

TÉLÉMAQUE.

O Dieux ! fi mon pere
Couroit ce danger !

LAËRTE.

O Dieu ! fi ton pere
Couroit ce danger !

EUMÉE.

O Dieux ! fi fon pere
Couroit ce danger !

LES TROIS.

Neptune en colere
Les va fubmerger.

LE *CHŒUR*, *avec les Précédens.*

Quels cri lamentable !
Quel funeste bruit !
La vague indomptable
Les brise & s'enfuit.

(*Tous se retirent.*)

(*Le Théâtre change, & représente la grotte des
Nymphes de la mer.*

SCENE IV.

ULYSSE, seul.

TOUT a péri. Sur quel rivage
Me jettent les vents furieux ?
Seul, errant, désarmé, chez un Peuple sauvage,
Vais-je trouver ici la mort ou l'esclavage ?
Que vois-je ? En croirai-je mes yeux ?
Tout me rappelle Ithaque. Oui, ce beau lieu res-
semble
A cette grotte, où, sur nos bords,
Le Chœur des Nymphes se rassemble,
Et fait retentir l'air de ses divins accords.

(*Il se retire, à l'approche des Nymphes.*)

D

SCÈNE V.

LES NYMPHES *de la mer.*

CHŒUR DES NYMPHES.

LE jour renaît, les vents se taisent,
Un ciel plus serein nous sourit.
L'air est calmé, les flots s'appaisent,
Sur le rivage tout fleurit.
Reparoissez, plaisirs timides,
Que la frayeur a dispersés.
Viens, tendre amour, toi, qui les guides,
Viens ranimer les cœurs que la crainte a glacés.

SCÈNE VI.

ULYSSE, LES NYMPHES.

ULYSSE.

O Nymphes ! rassurez ma timide espérance.
Hélas ! si j'en crois l'apparence,
Ici pour vous cent fois j'ai fait brûler l'encens.

UNE NYMPHE.

Et qui ne connoît pas les bords où tu defcends !
Le nom d'Ithaque & fa gloire
Sont portés par la victoire
Jufqu'aux plus lointains climats.

ULYSSE.

Belle Nymphe, eft-il vrai ? ne me flattez-vous pas ?
Et fuis-je en effet dans Ithaque ?
Laèrte, Pénélope , & fon fils Télémaque,
Sont-ils vivans ? Sont-ils paifiblement unis ?

LA NYMPHE.

La violence & l'injuftice
Menacent la mère & le fils.

CHŒUR DES NYMPHES.

Va les revoir, prudent Ulyffe.
Diffimule, obferve, & punis.

LA NYMPHE.

Minerve a fur ton front imprimé la vieilleffe,
Pour tromper les yeux de ta Cour.

LE CHŒUR.

Arme-toi d'un cœur fans foibleffe ;
Et fur-tout, défends-toi des larmes de l'amour.

D ij

SCENE VII.

ULYSSE, *seul.*

AIR.

QUEL malheur m'est prédit encore ?
N'ai-je donc pas assez souffert ?
Pénélope, ô toi que j'adore !
Et toi, mon fils, à ton aurore,
Loin de moi, sous vos pas quel abîme est ouvert ?
Quel malheur m'est prédit encore ?
N'ai-je donc pas assez souffert ?

Ithaque ! ô ma douce patrie !
Je n'ai soupiré que pour toi.
Je te revois, Isle chérie,
Et ne puis te voir sans effroi !
J'échappe à la mer en furie,
Le calme enfin renaît pour moi ;
Je te revois, Isle chérie,
Et ne puis te voir sans effroi.
Quel malheur, &c.

Qui vient à moi sur ce rivage ?

SCENE VIII.

ULYSSE, TÉLÉMAQUE, EUMÉE.

TÉLÉMAQUE.

N'est-ce pas vous, digne Etranger,
Qu'on a vu fur ce bord jetté par le naufrage ?
Ah ! de cet horrible danger
C'eſt quelque Dieu qui vous dégage.

ULYSSE.

Oui, jeune homme, oui, des Dieux ce prodige eſt
l'ouvrage ;
Et tout malheureux que je fuis,
Je reſſens leurs bienfaits autant que je le puis.

TÉLÉMAQUE.

Hâtez-vous de calmer nos mortelles alarmes.
Sur ce Vaiſſeau briſé par les vents en courroux,
Un Héros, l'objet de nos larmes,
Ulyſſe étoit-il avec vous ?

ULYSSE.

Je fais qu'il voguoit vers Ithaque.

TÉLÉMAQUE.

Les Dieux l'en ont-ils éloigné?

ULYSSE.

C'est donc ici qu'il a regné?

TÉLÉMAQUE.

Vous voyez son fils Télémaque,
Vous voyez son fidèle ami.

ULYSSE.

Vous, son fils!

TÉLÉMAQUE.

Ah! parlez. Votre cœur a gémi.

ULYSSE.

Hélas! quelle atteinte mortelle
Je porte à vos sensibles cœurs!
Votre mère y survivra-t-elle?
Il est.....

TÉLÉMAQUE.

N'achevez pas. Je vois tous nos malheurs.

EUMÉE.

Il est donc vrai! les Dieux ont terminé sa vie.

TÉLÉMAQUE.

Toute espérance m'est ravie.
Ma trop foible jeunesse attendoit tout de lui ;
Et parmi les dangers dont elle est poursuivie,
Me voilà désormais sans guide & sans appui !

ULYSSE, *à part.*

Moment délicieux ! bonheur digne d'envie !

EUMÉE.

Eh quoi ! le seul de ses Vaisseaux
Qui des vents & des mers eût défié la rage,
Vient se briser sur ce rivage ;
Et mon malheureux Maître y périt sous les eaux !

ULYSSE.

Sans foiblesse & sans crainte il a vu le naufrage,
Et d'un œil intrépide il a bravé la mort.
Mais, hélas ! que peut le courage
Contre l'ordre des Dieux & les arrêts du sort.

TRIO.

TÉLÉMAQUE.

O mon père !

PÉNÉLOPE.

EUMÉE.

O mon maître!

TÉLÉMAQUE.

Sort cruel!

EUMÉE.

Jour affreux!

(*Les deux ensemble.*)

Qui fera donc heureux?
Ulyffe n'a pu l'être.

ULYSSE, *à part.*

Ah! quel père, ah! quel maître
Fut jamais plus heureux!

TÉLÉMAQUE.

J'ai perdu mon modèle,
J'ai perdu mon appui.

EUMÉE.

Son époufe fidèlle
Ne vivoit que pour lui.

ULYSSE.

Quel bonheur, auprès d'elle,
L'attendoit aujourd'hui !

TÉLÉMAQUE et EUMÉE.

Il n'en est plus pour elle,
Il n'en est plus sans lui.

ULYSSE.

Il est heureux encore,
S'il vit dans tous les cœurs.

TÉLÉMAQUE et EUMÉE.

S'il vit dans tous les cœurs !
En doutez-vous encore,
Vous, qui voyez nos pleurs ?
C'est un Dieu qu'on adore.

ULYSSE, à part.

Je sens couler mes pleurs.

EUMÉE.

Aux yeux de la Reine
Comment nous offrir ?

TÉLÉMAQUE.

O Dieux ! quelle peine
Son cœur va souffrir !

E

ENSEMBLE.

Témoin trop fidèle
De notre malheur,
Par pitié pour elle,
Trompez sa douleur.

ULYSSE, *à part.*

Mon ame chancelle ;
Un trouble vainqueur
M'égare, & décèle
Le fond de mon cœur.

(*Fin du Trio.*)

Ouvre les yeux, mon cher Eumée.

EUMÉE.

Qu'entends-je ? à cette voix mon ame accoutumée....
Télémaque ! ô Dieux bienfaisans !....
Mais non, ce n'est pas lui : cette vieillesse extrême,
Ces cheveux blanchis par les ans....

ULYSSE.

C'est lui, c'est Ulysse lui-même.

TÉLÉMAQUE.

(*Frappé d'étonnement & transporté de joie.*)

Mon père !

ULYSSE.

En vain Minerve a voulu me cacher
Sous tous les traits de la vieillesse.

Viens, reconnois ton père aux larmes de tendresse
Que la joie & l'amour viennent de m'arracher.

TÉLÉMAQUE , dans les bras d'ULYSSE.

Mon père !... Enfin je vois l'auteur de ma naissance.

ULYSSE.

Modérons ces transports, & gardons le silence.
  Avant d'annoncer mon retour,
  Mon inquiète vigilance
  Veut tout observer dans ma Cour.

EUMÉE.

Ah ! de nos fiers Tyrans craignez la violence.

ULYSSE.

Vos Tyrans !

EUMÉE.

  Sous vingt Rois, vos indignes rivaux ,
 Ithaque gémit opprimée.
Pénélope tremblante, & d'ennuis consumée,
Les voit livrés sans cesse à mille excès nouveaux.

ULYSSE, à part.

Ah ! de mes traits vengeurs que ma main soit armée ;
Et je vais par leur mort couronner mes travaux.
 Mon fils, le danger m'environne ;
Que ferez-vous pour moi ?

      E ij

TÉLÉMAQUE, *vivement*.

Commandez. Mille morts
Mon père, à vos côtés n'ont plus rien qui m'étonne,
J'en attefte les Dieux & le fang dont je fors.

ULYSSE.

Si nous fommes aimés, nous ferons affez forts.
Le bruit de mon trépas, que nous allons répandre,
Ces cheveux blancs, ces traits, que Minerve a changés,
Ces Rois, dont l'imprudence eft facile à furprendre,
Mon fils, tout me répond que nous ferons vengés.

AIR.

Que fous un voile impénétrable
La vengeance marche à pas lents.
Vous périrez, troupe exécrable,
Et tous mes coups feront fanglans.
N'offrons à leurs yeux infolens
Qu'un vieillard foible & miférable.
Que fous un voile impénétrable
La vengeance marche à pas lents.

ULYSSE, TÉLÉMAQUE & EUMÉE.

Que fous un voile impénétrable
La vengeance marche à pas lents.
Vous périrez, troupe exécrable,
Et tous nos coups feront fanglans.

Fin du fecond Acte.

ACTE III.

Le Théâtre repréſente une Salle du palais d'ULISSE.

SCÊNE PREMIERE.

ULYSSE, TÉLÉMAQUE.

ULYSSE.

Va-t-elle enfin paroître ?

TÉLÉMAQUE.

Elle vient ſur mes pas.

ULYSSE.

Je veux être seul avec elle :
Laiffez-nous, & de mon trépas
Faites répandre la nouvelle.

TÉLÉMAQUE.

Vous allez déchirer ce cœur tendre & fidèle.

ULYSSE.

Mon fils, obéiffez, & ne balancez pas.

SCENE II.

ULYSSE *feul.*

Que n'ai-je pas fouffert, de lui voir, en filence,
Endurer de ces Rois le fafte humiliant !
Que n'ai-je pas fouffert, de voir leur infolence
Infulter au malheur d'un vieillard fuppliant !

AIR.

Ah ! que la prudence eft pénible,
Entre la colère & l'amour !

Quel tourment pour un cœur, d'étouffer tour-à-tour
Une fureur brûlante, une pitié fenfible !
    Vingt fois mes yeux fe font couverts
    Comme d'un nuage de larmes ;
Et vingt fois j'ai frémi de n'avoir pas mes armes
    Pour exterminer ces pervers.

Ne vas pas oublier les confeils de Minerve,
    Ulyffe ! on t'écoute, on t'obferve.
    Du grand art de diffimuler,
    Voici l'inftant de faire ufage.
Commande à tes regards, compofe ton vifage,
    Défends à tes pleurs de couler.
La voici. Quel moment ! Et que vais-je lui dire ?

SCÊNE III.

ULYSSE, PÉNÉLOPE, *Femmes de fa*
Suite.

PÉNÉLOPE

APPROCHEZ. Je refpecte & l'âge & le malheur.
    Vous nous voyez dans la douleur ;

PÉNÉLOPE

Mais nos maux vont finir, dès qu'Ulysse respire.
Il est donc parti de Corcyre ?
Vous l'avez vu ?

ULYSSE.

J'ai dit la simple vérité.

PÉNÉLOPE.

N'a-t-on rien appris de sa bouche
Qui l'intéresse, & qui me touche ?

ULYSSE.

Je sais qu'il a souffert la dure adversité ;
Je sais que loin de sa patrie,
De périls en périls long-temps précipité,
Dans l'horreur des combats, sur les mers en furie,
Jamais votre image chérie
Un seul moment ne l'a quitté.

PÉNÉLOPE.

Ah ! combien je serois coupable,
Si, loin de lui, mon cœur avoit été capable
D'un moment de tranquillité !

AIR.

Je n'ai cessé de voir Ulysse
Depuis l'instant de nos adieux ;

Et

Et ses dangers, pour mon supplice,
Se sont tous offerts à mes yeux.
Les vents, les eaux, le fer, la flamme,
Tout ce qui d'un mortel peut menacer les jours,
Portoit la terreur dans mon ame.
J'espérois quelquefois, mais je craignois toujours.

ULYSSE.

Plus la gloire est pénible & plus elle a de charmes :
Ulysse en jouit quelquefois.
Sur le tombeau d'Achille, au milieu de vingt Rois,
D'Achille au fier Ajax il disputa les armes.

PÉNÉLOPE.

Et dès qu'on entendit son éloquente voix,
Il triompha sans doute ?

ULYSSE.

Il fit couler des larmes,
Et les cœurs attendris reconnurent ses droits.

PÉNÉLOPE.

Vous ne m'étonnez pas : mon Ulysse possède,
Dans l'art d'intéresser, un charme à qui tout cède.

ULYSSE.

Sous les murs d'Ilion, que la cendre a couverts,
Compagnon des Héros, il obtint leur estime ;

F

Mais de nouveaux dangers l'attendoient fur les mers.
De Scylla, de Charibde, il vit l'affreux abîme.

PÉNÉLOPE.

O dieux !

ULYSSE.

Les flots bruyans l'ont porté fur leur cîme,
Entre ces deux gouffres ouverts.

PÉNÉLOPE.

Ah ! fes périls paffés me font frémir encore.

ULYSSE.

La fille du Soleil, Circé, qui fait pâlir
Le jour que ce Dieu fait éclore,
Vit Ulyffe en danger & d'aigna l'accueillir.

PÉNÉLOPE.

Circé !

ULYSSE.

Par une douce ivreffe,
La perfide effaya d'obfcurcir fa raifon ;
Mais de la coupe enchantereffe
Ulyffe évita le poifon.

PÉNÉLOPE.

AIR.

Tu favois combien ma tendreffe
Devoit fouhaiter ton retour,
Mon cher Ulyffe ! & la fageffe
Te préferva moins que l'amour.

ULYSSE.

Plus fincère & plus dangereufe,
Calypfo, dans fon ifle heureufe,
Invitoit votre époux à l'immortalité.

PÉNÉLOPE.

Ah ! comment réfifter aux charmes d'une amante,
Qui propofe un tel prix à l'infidélité !

ULYSSE.

Un féjour enchanteur, une Nymphe charmante,
Le fort des Dieux, pour vous Ulyffe a tout quitté.

PÉNÉLOPE.

Je fais mon bonheur de le croire :
Le doute feroit trop cruel.
Non, non, d'un amour mutuel
Il n'a point perdu la mémoire.

Non, le plus sage des mortels
N'aura point trahi les autels,
Sa foi, mon amour & sa gloire.
Je fais mon bonheur de le croire
Le plus fidèle des mortels.

SCÊNE IV.

PÉNÉLOPE, ULYSSE, LES POURSUIVANS,
TÉLÉMAQUE, EUMÉE, NÉSUS, *Suivantes*
de PÉNÉLOPE.

NÉSUS.

D'ULYSSE enfin le sort funeste
N'est plus douteux : il est descendu chez les morts.

PÉNÉLOPE.

Qu'osez-vous dire ?

LE POUSUIVANT.

Il vient de périr sur ces bords;
Et cet étranger nous l'atteste.

PÉNÉLOPE.

Lui !

ULYSSE, à NÉSUS.

Cruel ! ah ! pourquoi diffiper fon erreur ?

PÉNÉLOPE.

Ulyffe eft mort !

ULISSE.

Je fuis le déplorable refte
De fon vaiffeau brifé par les vents en fureur.

PÉNÉLOPE.

Vieillard , à m'accabler peut-être on vous engage.
Déjà, pour complaire à ces Rois,
Des étrangers , plus d'une fois,
M'ont tenu le même langage.
L'homme, dans le malheur, eft fi foible à votre âge;
Et fur lui la crainte & l'efpoir
Ont quelquefois tant de pouvoir !
Intimidé, féduit, avec ces Rois, peut-être,
Sans le vouloir, vous confpirez.
Ah ! vous ne favez pas quel cœur vous déchirez.
Si ce n'eft qu'une erreur, faites-là moi connoître.
Il en eft temps encor. Ma vie, ou mon trépas
Dépend de vous, n'en doutez pas :
Un mot, un feul mot en décide.
Je vous vois attendri ; vous femblez me cacher

L'horreur que vous inspire une trame perfide.
Vous le plaignez, ce cœur que l'on veut m'arracher.
Par pitié de mes jours, que vous allez trancher,
Parlez. Ici des Dieux la majesté réside :
Vous n'avez sous leurs yeux nul danger à courir.
    Soyez sincère en assurance.
Ulysse est-il vivant ? Ma débile espérance
    Doit-elle revivre ou mourir ?

ULYSSE.

(bas.)

O dieux ! soutenez mon courage.

(haut.)

Reine, vous insultez à mon abaissement.

PÉNÉLOPE.

Bon vieieillard, pardonnez : je vous fais un outrage ;
Cependant, je l'avoue, un confus mouvement,
Contre vous, dans mon cœur, s'élève obstinément.
J'interroge vos yeux, vos traits, votre langage,
Tout m'y peint la candeur : Eh bien, dans ce moment,
Je ne sais quelle voix en secret vous dément.
C'est-là pour moi, peut-être, un bien foible présage !
Mais cent fois alarmée, & toujours vainement,
A vous croire aujourd'hui, quelle preuve m'engage ?

ULISSE.

Hélas, que vos doutes font vains;
Et qu'il m'est bien aifé d'éclaircir ce nuage!
Reine, de votre foi reconnoiffez le gage
Qu'Ulyffe a laiffé dans mes mains.

PÉNÉLOPE.

L'anneau d'Ulyffe! ô Dieux! ô fort impitoyable!
Ainfi de mon malheur je ne puis plus douter!

ULYSSE.

Ah! pour vous l'annoncer, ce malheur effroyable,
Croyez qu'il a dû m'en coûter.

PÉNÉLOPE.

AIR.

Il eft affreux, il eft extrême,
Il n'eft connu que de mon cœur.
Qui n'a pas aimé comme j'aime,
Ne peut concevoir mon malheur.
Tant que la plus foible apparence
Put me flatter dans ma fouffrance,
La vie eut pour moi des appas;

Mais un malheur sans espérance,
N'est qu'un pénible & long trépas.
Il est affreux, &c.

TÉLÉMAQUE.

Dieux ! elle succombe. Ma mère !
(*La tenant dans ses bras, & regardant Ulysse.*)
Il n'est donc plus d'espoir ?

PÉNÉLOPE.

Que veux-tu que j'espère ?
Il a vu son naufrage, & tu l'as entendu.
Non, je n'ai plus d'époux, non, tu n'as plus de père.
Mon fils, nous avons tout perdu.

O ciel ! de la vertu c'est donc là le partage !
Après tant de dangers qu'il venoit de courir,
Aux bords qui l'on vu naître il est venu périr !
Allez, Eumée, allez, parcourez ce rivage ;
Et parmi les débris rejettés par les flots,
Faites recueillir sur la plage
Les restes sacrés d'un Héros.
Qu'à l'honorer du moins ma douleur se soulage.

(*Eumée sort.*)

Vous, mon fils, qu'à son ombre on élève un tombeau :
Il sera tous les jours arrosé de mes larmes.

ULYSSE.

ULYSSE.

Prince, n'oubliez pas d'y suspendre ses armes.

PENELOPE.

Hélas ! c'est pour sa gloire un trophée assez beau.

(Aux Poursuivans.)

Et vous, qui jouissez du malheur qui m'accable,
Puisqu'enfin le ciel implacable
A des liens si chers me force à renoncer,
Au pié de ce tombeau que mon peuple se rende :
C'est-là que je veux qu'on entende
Ce que j'ai promis d'annoncer.

CHŒUR de Poursuivans.

Reine, le destin vous commande :
Il n'est plus temps de balancer.

(Les Poursuivans se retirent.)

G

SCENE V.

ULYSSE, PÉNÉLOPE, *Femmes de sa suite.*

ULYSSE.

Qu'avez-vous résolu ?

PÉNELOPE.

Ma mort : j'y suis réduite.
C'est mon unique espoir, & j'y veux recourir.

CHŒUR DE FEMMES.

O Dieux ! vous êtes mère, & vous voulez mourir !

PÉNÉLOPE.

Je veux me délivrer d'une affreuse poursuite.

ULYSSE.

Un fils vous reste encor : il peut vous secourir.

PÉNÉLOPE.

Dans les bras de sa mère, hélas ! on le menace.

ULYSSE.

On le menace !

PÉNÉLOPE.

Et c'est pour lui
Qu'on me fait trembler aujourd'hui.

ULYSSE, d'un ton imposant.

Du bonheur des méchans le ciel enfin se lasse.
Vous verrez tomber vos tyrans.

PÉNÉLOPE, étonnée.

Et quel Dieu fera ce miracle?

ULYSSE, d'un air inspiré.

Ulysse l'a prédit; croyez-en cet oracle:
L'avenir se dévoile aux regards des mourans.
Vivez, Reine, vivez, il l'ordonne lui-même.
Oui, je viens révéler sa volonté suprême:
Elle fera trembler vos tyrans odieux.

PÉNÉLOPE.

Ah! quel trouble inconnu vous jettez dans mon ame!
Sous les traits d'un mortel, êtes-vous l'un des Dieux?

ULYSSE.

Tout mortel que je suis, je prédis qu'à vos yeux,
Va bientôt, comme un trait de flamme,
Partir la vengeance des cieux.

PÉNÉLOPE.

Oui, c'eſt quelque Dieu qui l'inſpire :
Je ne ſaurois plus en douter.

ULYSSE.

Suivez-moi donc ſans héſiter ;
Et ce que j'oſe vous prédire,
Venez le voir s'exécuter.

(Ils ſortent enſemble.)

SCENE VI.

Le Théâtre repréſente une place publique, le tombeau d'Ulyſſe au milieu.

TÉLÉMAQUE, EUMÉE, Peuple d'Ithaque.

CHŒUR DE PEUPLE.

Pleurons le plus ſage des Rois :
Le monde eſt rempli de ſa gloire.
Nous ne vivrons plus ſous ſes loix.
De ſes vertus, de ſes exploits
Gardons à jamais la mémoire.
Nous ne vivrons plus ſous ſes loix.

SCÈNE VII.

PÉNÉLOPE, ULYSSE, LES POURSUIVANS,
& les Acteurs précédens.

PÉNÉLOPE.

FILS d'Ulysse, & vous peuple, un viellard vénéra-
ble,
Témoin de son sort déplorable,
Vient porter à nos cœurs les plus sensibles coups.
Il a reçu, dit-il, sa volonté suprême,
Qu'il vient m'annoncer devant vous.
Il n'est rien sous le ciel de plus sacré pour nous.
Mais je veux, par serment, qu'il l'atteste, là même,
Sur le tombeau de mon époux.

ULYSSE.

Après avoir monté les degrés du tombeau, sur
lequel il pose la main.

Oui, j'atteste des morts les tyrans inflexibles,
Et le tombeau d'Ulysse, & ses armes terribles,
Qu'il n'a pu, sans frémir, vous savoir en danger,
Qu'il a plaint vos malheurs, & qu'il vient les venger.

PÉNÉLOPE, LES POURSUIVANS, LE PEUPLE.

Ciel !

ULYSSE, aux Poursuivans.

Tremblez, malheureux, reconnoiffez Ulyffe.

CHŒUR GÉNÉRAL.

Ulyffe ! ô Dieux !

ULYSSE, à fon fils & au Peuple d'Ithaque.

Pour leur fupplice,
Armez-vous, armez-vous.

(Il leur diftribue des armes.)

CHŒUR DU PEUPLE ET DES POURSUIVANS.

Armons-nous, armons-nous.

(Les Pourfuivans s'éloignent ; Ulyffe & les fiens traverfent le Théâtre, & fortent du même côté que les Pourfuivans.)

SCÈNE IX.

LAËRTE, PÉNÉLOPE, *Femmes de*
PÉNÉLOPE.

PÉNÉLOPE.

AH! l'excès de ma joie accable ma foiblesse.

CHŒUR, *avec* PÉNÉLOPE.

C'est lui! c'est Ulysse! grands Dieux!

CHŒUR, *hors du Théâtre.*

Tombez, tyrans audacieux!

PÉNÉLOPE.

Hélas! dans quel trouble il me laisse!

CHŒUR, *sur le Théâtre.*

Protège-nous, sage Déesse!
Ulysse combat sous tes yeux.

CHŒUR, *hors du Théâtre.*

Tombez, tyrans audacieux.

LES POURSUIVANS.

Fuyons le danger qui nous presse.
Ulysse a pour lui tous les Dieux.

CHŒUR, *hors du Théâtre.*

Tombez sous sa main vengeresse,
Tombez, tyrans audacieux.

CHŒUR, *sur le Théâtre.*

Protège-nous, sage Déesse !
Ulysse combat sous tes yeux.

SCÉNE

SCÊNE DERNIERE.

ULYSSE, TÉLÉMAQUE, EUMÉE,
Peuple *d'Ithaque*, PÉNÉLOPE,
LAÈRTE, *Femmes de* PÉNÉLOPE.

PÉNÉLOPE, *en se précipitant vers* ULYSSE.

ENFIN dans mes bras je le presse !

ULYSSE, (*à* PÉNÉLOPE.)

Vos malheurs sont vengés, vos tyrans sont punis.

(*à* LAÈRTE.)

Rien n'affligera plus votre auguste vieillesse,
Mon père ; & de beaux jours seront encor le prix
Des vertus, dont l'exemple instruisit ma jeunesse.
Rendons graces aux Dieux qui nous ont réunis.

PÉNÉLOPE.

Ah ! quel moment pour ma tendresse !

ULYSSE, PÉNÉLOPE, TÉLÉMAQUE,
LAÈRTE.

ENSEMBLE.

Dieux immortels ! Et toi, Minerve, & toi,

{ Ma } Divinité tutélaire !
{ Sa }

H

Que de vœux ! que d'autels ! que d'encens je vous
    doi !

ULYSSE.

Pénélope !

LAÈRTE à ULYSSE, ULYSSE à TÉLÉMAQUE.

Mon fils !

PÉNÉLOUE.

Cher Ulyſſe !

ULYSSE à LAÈRTE, TÉLEMAQUE à ULYSSE.

Mon père !

LES QUATRE.

C'eſt vous enfin que je revoi !
Ah ! qu'il a de charmes pour moi,
Ce jour, ce beau jour qui m'éclaire !

PÉNÉLOPE.

Ah ! quelle épouſe, ah ! quelle mère
Sera plus heureuſe que moi !

ULYSSE.

Quel fils, quel époux, & quel père
Fut jamais heureux comme moi !

TÉLÉMAQUE.

Quel fils, dans les bras de ſon père,
Fut jamais heureux comme moi !

PÉNÉLOPE & LAÈRTE à ULYSSE.

Quel fils, quel époux, & quel père
Fut jamais aimé comme toi !

CHŒUR GÉNÉRAL.

Dieux immortels ! & toi, Minerve, & toi,
Sa divinité tutélaire !
Protégez, défendez, conservez çe bon Roi.

Un Ballet général termine l'Opéra.

F I N.

APPROBATION.

J'ai lu par ordre de Monseigneur le Garde des Sceaux, *L'OPÉRA DE PÉNÉLOPE,* & je n'y ai rien trouvé qui m'ait paru devoir en empêcher l'impression. A Paris ce premier Décembre 1785.

BRET.

www.ingramcontent.com/pod-product-compliance
Lightning Source LLC
LaVergne TN
LVHW021140200726
843510LV00001B/175